PÉTITION

Présentée en 1821 à la Chambre des Pairs et à celle des Députés, afin d'obtenir la revision des dispositions législatives

CONCERNANT

LE MARIAGE ET LE DIVORCE.

DE L'IMPRIMERIE DE STAHL,

RUE DU CLOÎTRE-NOTRE-DAME.

AVERTISSEMENT.

POUR traiter à fond le sujet de la réclamation que M. de *** croit devoir présenter aux Chambres, il aurait fallu s'appuyer sur les autorités de l'Église, s'étayer de la saine philosophie, citer des antécédens plus ou moins rapprochés, et peut-être alors serait-on resté fort au-dessous de la tâche imposée : la brièveté du temps qu'on avait à consacrer à cet objet, et sur laquelle on s'excuse du peu de soin qu'on remarquera dans un style qu'il a fallu laisser tel qu'il s'est trouvé de premier jet, n'est pas ici une défaite banale dont on prétende se faire un titre à l'indulgence, puisqu'il s'agissait en première considération, pour que la pétition devînt l'objet d'une délibération des Chambres, durant la session, qu'elle prît rang utilement sur un grand nombre d'autres qui y abondent chaque jour.

Pour atteindre le but qu'on se proposait, il suffisait que, par le simple exposé de l'un des points de vue sous lesquels il se présente, le sujet fût livré aux méditations des esprits supérieurs qui brillent avec éclat parmi nos Législateurs. Tout ce qui aurait été ajouté serait probablement devenu oiseux et aurait pâli devant les lumières qu'une discussion publique doit faire rejaillir sur son objet.

Intimement convaincu que cette œuvre n'aborde la question que très-superficiellement, on n'a consenti qu'après des instances réitérées, à lui donner une certaine publicité ; on a cédé surtout à la considération majeure d'avertir tous les intérêts analogues, afin qu'ils vinssent, s'il est possible, déterminer la sollicitude du Législateur, en formant sous ses yeux ce faisceau dangereux dont la présence déterminée porte au milieu de l'ordre social une opposition plus puissante qu'on ne serait porté à le croire.

A l'égard du peu de prix qu'on a paru attacher à solliciter l'initiative qui paraîtrait appartenir au ministère sur une semblable matière, les opinions que le mécontentement, sous le rapport particulier, et l'inquiétude, sous le rapport général, ont fait manifester dans les notes qui accompagnent le texte de la réclamation et dans le post scriptum dont elle est suivie, dispensent de toute autre explication.

S'il fallait s'excuser autrement d'avoir jeté çà et là quelques idées sur les vérités fondamentales qu'on ne peut mettre en oubli, sans léser tous les intérêts privés qui s'y rattachent; on ajouterait que ce serait une étrange erreur que de s'attendre à voir ceux qui ont recueilli les avantages particuliers que produit le règne éphémère des principes du désordre, venir dès aujourd'hui renoncer publiquement à la défense de leurs funestes doctrines; ils en soutiendraient la prééminence, encore qu'ils les vissent embraser les quatre parties du monde, *quand même ! ! !* Et, en cela, le danger est qu'ils se font de nombreux prosélytes parmi ceux qui ne doivent être frappés que des avantages personnels qu'ils pourraient recueillir à leur tour. C'est donc aux citoyens dont l'existence a été long-temps battue par tous les élémens du mal, à la fois déchaînés, et qui, privés de la part de bonheur que le régime de l'ordre leur promettait, ont conservé cependant une âme susceptible de quelques ressorts, qu'il est particulièrement réservé de hâter le retour à l'éternelle justice, en proclamant à l'envie les avantages incomparables qu'elle assure à l'humanité. Ces vérités fondamentales, ces principes généraux qui en dérivent, comme le dit éloquemment le noble Auteur de l'Esprit de l'Histoire :
« Sont les dernières ancres sur lesquelles peuvent encore
» se tenir ceux qui éprouvent des tempêtes inouies sur des
» mers inconnues. »

PÉTITION

Présentée en 1821 à la Chambre des Pairs et à celle des Députés, afin d'obtenir la révision des dispositions législatives concernant le mariage et le divorce.

> La religion étant le meilleur garant que les hommes puissent avoir de la probité des hommes, il est dangereux que les lois civiles permettent ce que la religion doit condamner.
>
> (MONTESQUIEU.)

Le défaut d'harmonie entre les lois sur le mariage et le divorce, et la morale publique et religieuse est devenu une source féconde de désordres privés et divers, dont la position de l'Exposant offre un exemple notable; il pense que s'il est permis de réclamer l'intervention du législateur, c'est sans contredit lorsqu'on est réduit à signaler un vice dans la législation de l'Etat, qui interdit à quelques-uns tout recours à la religion qu'on y professe.

Il serait à désirer qu'une loi générale, ou bien des lois spéciales appliquées toutes dans le même esprit, selon les chances différentes qui porteraient à les solliciter, vinssent obvier à cet inconvénient grave, de sorte qu'il fût loisible à chacun de rentrer dans le cercle circonscrit par la morale publique et par la religion reconnue. Les principes monarchiques manifestés par les

1

Chambres dans leurs adresses à Sa Majesté ont fait naître l'espoir de voir ces vœux favorablement accueillis par les trois branches du pouvoir législatif.

On a reproché à la loi qui abolit le divorce d'exercer un effet rétroactif sur les engagemens matrimoniaux contractés sous l'empire de la législation qui le tolérait, sans se permettre de disserter sur une question qui intéresse un grand nombre de familles; on se réduit à reproduire cette objection qui paraît victorieuse, et qui consiste à faire découler des principes, que la loi qui a institué le divorce, pour avoir agi à titre gratuit ou libéral, si l'on peut s'exprimer ainsi, en faveur des individus engagés dans des liens indissolubles, n'a acquis, à la loi nouvelle qui le prohibe, aucun droit à rétroagir à titre onéreux ou tyrannique, (on pourrait presque dire,) contre d'autres individus engagés dans des liens en quelque sorte conditionnels.

A cet argument quelques jurisconsultes opposent que, sous l'empire du droit romain, le lien matrimonial était considéré comme indissoluble, et le divorce toléré à titre exceptionnel.

N'est-ce pas se jeter dans la cathégorie des abstractions, que prétendre ainsi qu'après avoir rompu, à la faveur du divorce, le premier lien qui, de part et d'autre, les engageait ailleurs, deux époux qui, dans une semblable position, s'uniraient l'un à l'autre, devraient considérer, dans le principe, cette nouvelle union comme indissoluble; comme s'il leur était donné de démentir leur propre raison qui ne leur laisserait aucun doute sur la valeur réelle de l'engagement qu'ils contracteraient?

Ce serait douter de la prudence humaine, que de croire qu'avertis réciproquement, par leurs divorces précédens, de leur peu de fixité dans leurs attachemens, ou de leur peu d'attachement à leurs devoirs, il se fût trouvé des époux assez imprévoyans pour contracter une seconde union à titre indissoluble. Est-il donc possible alors de soutenir qu'il n'y ait pas d'effet rétroactif là où

une loi nouvelle vient inopinément doubler la valeur de l'engagement, sans consulter les intéressés, et contraindre les tribunaux à déroger aux premières règles de l'équité, qui veulent que
les conventions soient jugées d'après les lois sous l'empire desquelles elles ont été souscrites ?

Mais, si priver les individus des bénéfices réservés par leurs
engagemens est déjà un puissant motif de reproches à adresser
à la loi, les maux qui prennent ici leur source auront du moins
un terme en même temps que l'existence de ceux qui en gémissent, et c'est à juste titre qu'on est en droit d'attaquer, sous un
rapport plus grave, les écarts de cette législation qui présente de
si nombreuses imperfections, et qu'on a isolée de sa base. Quoi !
ce sera vainement que les génies les plus transcendans, les pa-
triarches, les sages et les philosophes se seront réunis d'opinion
pour nous enseigner à faire intervenir l'autorité divine, afin
d'inspirer plus de respect pour la solution des *questions préjugées ?* Sans opposer aucune objection valable contre cette doctrine aussi ancienne que le monde civilisé, nous rampons servile-
ment encore sur la trace des sinistres auteurs de tous les désordres de notre révolution.

Plus conséquens que nous, il le faut avouer, en même temps
qu'ils prétendaient dénouer ou du moins relâcher à leur profit
tous les liens de la société ; en même temps qu'ils sapaient
l'édifice dans ses fondemens, en niant jusqu'à l'existence de
la divinité, en retranchant tout concours de l'autorité divine
dans la législation ; ils avaient aboli l'indissolubilité des liens
matrimoniaux, tandis que, par une contradiction frappante dont
les suites sont incalculables sous tous les rapports, la législation
actuelle *reconnaît un culte, et souffre qu'on n'en professe aucun*, et voulant la fin sans vouloir les moyens, institue l'indissolubilité du mariage, et néglige de le rendre possible à ce titre,
en dédaignant de faire intervenir le concours de l'autorité divine

dans le principe comme dans toutes les conséquences de cette union. Telle est, on n'en saurait douter, la source de ces incompatibilités déplorables qui, à défaut de divorce, ou, pour mieux dire, faute de morale, dissolvent si souvent les mariages par le crime.

Ici la cause s'entoure d'un intérêt général, puisque tous les intérêts individuels viennent se rattacher aux vérités fondamentales, et on se trouve naturellement amené à faire entrevoir succinctement que les désordres privés et publics doivent nécessairement s'accroître par l'absence de la morale (1).

Que les ministres incapables et condamnés à une profonde ignorance des voies de la nature, s'embarrassent dans un dédale inextricable d'intérêts divergens, et, tour à tour caressant ou frappant les différens partis autour desquels ces mêmes intérêts viennent se grouper, déconsidèrent le Gouvernement en se livrant à de subalternes intrigues, semblent gouverner dans les ténèbres et déterminés à nous perdre avec eux en aveugles. « *Mais l'empire des ténèbres, qui cherche toujours à* » *s'étendre, se trouve repoussé par des bornes semblables à* » *celles qui repoussent les flots de l'Océan* (MILTON). »

Hors de ce cercle ministériel, où, pour notre honte dans le présent et notre désespoir dans l'avenir, l'orgueil excelle depuis six ans à reproduire l'absurde (2), qui donc ignore en-

_____

(1) La morale se soutient depuis quelque temps de la réaction de l'influence qu'elle a exercée pendant les siècles précédents et les relevés comparatifs des registres judiciaires infidèlement compulsés par l'esprit de parti, seront insuffisans à prouver qu'elle a pu s'améliorer de notre âge, tant que la raison nous interdira d'admettre des effets sans cause.

Mais si quelque chose peut attester à la fois et l'impuissance des efforts consacrés à extirper ses derniers germes, et la facilité extrême qu'on aurait à la ranimer; c'est l'élan incontestable que lui a donné, dans l'opinion du peuple, le mépris qu'a inspiré le débordement des passions chez les révolutionnaires, ainsi que les derniers résultats des révolutions.

(2) M. de *** est loin de méconnaître tout l'avantage qu'il y aurait, dans les temps ordinaires, à suivre cette maxime; *parcere personis et dicere de vitiis*. (MARTIAL.) Mais victime isolée (telle est l'épithète adoptée pour neutraliser, en les divisant, la masse d'intérêt

core ce que de tous les siècles l'expérience a révélé à la sagesse pratique, que l'art de gouverner les hommes dans leur propre intérêt, consiste uniquement à neutraliser celles de leurs passions nuisibles à l'ordre social, par celles de leurs passions favorables au même ordre.

Qu'il ne s'agit que d'atténuer les effets désastreux des premières par la crainte des peines, par la crainte du blâme et de la déconsidération, et d'exciter par l'espoir des récompenses, par la noble ambition de la considération qui doit les suivre incessamment, tant d'autres passions susceptibles alors d'engendrer des vertus héroïques, un admirable dévouement, une abnégation évangélique.

Tout ce qui dévie de ce principe n'est qu'une longue série d'abstractions ou de sophismes. Dès-lors qu'on l'a méconnu, toutes *les questions préjugées* sont remises en discussion par les intérêts divergens ou par les esprits superficiels. La morale est

qu'inspirent les victimes, aussi bien que l'exécration générale qu'inspirent les coupables); victime de cette absence de toute équité, ou du moins de toute délicatesse dans les hommes qui composent le ministère, blessé dans son honneur, dans sa fortune et dans ses affections par leur égoïsme inébranlable; on l'a cruellement mis à même de reconnaître que l'ordre, au degré où nous sommes parvenus, ne gît plus dans la loi, n'est plus dans les codes de morale, mais bien dans le respect que les *personnes* dépositaires du pouvoir se montrent encore susceptibles d'avoir pour elles-mêmes.

Dieu vous garde tous, tant que vous êtes, heureux administrés de ces ministres, non moins fortunés, d'avoir quelques droits, ou quoi que ce soit au monde à leur convenance ou à celle de leurs parens, amis et amies; si dans le cahos des décrets révolutionnaires, qu'on saura bien explorer à propos, et dussent-ils contredire évidemment l'équité, il peut se trouver quelques distinctions subtiles, au moyen desquelles il soit impunément permis de vous dépouiller, en faveur de quelques-uns des leurs; attendez-vous que la signature du roi martyr, l'eussiez-vous pour garant de vos droits, de sa justice ou de sa bonté, sera insolemment démentie; ils ne craindront pas de vous menacer de leur influence auprès du prince, et abuseront effectivement sa religion. Les transactions notariées, signées par leurs familles, seront incapables de les arrêter lorsqu'il s'agira de favoriser ces mêmes familles, de les faire jouir, par exemple, d'un objet semblable à s'y méprendre, à celui qu'elles vous auront naguère vendu; enfin de les mettre très-positivement à même de faire rentrer en sacs et dans leurs coffres, 300,000 fr. qu'elles auront reçus de vous.

indécise et confondue. Déjà le désordre règne, s'insinue dans les différentes classes de la société, se reproduit de toutes parts au sein des familles, et apprête ces temps de troubles, de misères et de guerres civiles, durant lesquels l'espèce humaine gémit à la fois accablée sous les divers fléaux qu'elle a à redouter.

Privés de la morale à laquelle il appartient de leur donner la vie, les lois ne sont plus que de vains écrits, sans puissance à elles seules pour le bonheur public et trop souvent exploitées au profit des plus honteuses passions de ceux-là même qui sont préposés à leur exécution; et c'est alors qu'il faudrait s'écrier avec Rousseau : « Mettre la loi au-dessus de l'homme est un » problème en politique, que je compare à celui de la quadrature » du cercle en géométrie. »

Il est impossible, dit-il encore, en substance, de faire des lois dont les passions n'abusent pas. *L'homme d'État le plus consommé ne saurait prévoir et peser les abus qui doivent résulter du moindre changement dans un ordre de choses dont on regretterait les avantages alors seulement qu'on les aurait perdus* (1).

(1) Quelle garantie pourrait offrir le gouvernement représentatif, si celle qui résulte de la censure des actes de l'autorité se trouvait anéantie par l'absence de toute pudeur chez les dépositaires du pouvoir, s'il était convenu qu'insensibles à de graves reproches, à des imputations flétrissantes, les récompenses et la déconsidération dussent être en tout état de cause leur unique perspective ? L'expérience a démontré que, dégagées des entraves du respect humain, les passions qui avilissent le cœur de l'homme, et sont cependant inhérentes à son essence, doivent reproduire l'arbitraire sous mille formes diverses, selon l'organisation des individus qui exercent le pouvoir, et au mépris de toutes les lois, comme en dépit de toutes les vaines théories qui tendent à assurer l'exécution de ces dernières; et c'est à ce sujet que Phocion s'exprimait ainsi : « Ce serait un étrange politique qu'un législateur per-» suadé qu'il suffit de faire des lois pour que les hommes y obéissent : il n'a encore rien fait : » Laissez agir nos passions, elles auront bientôt dérangé ces bornes; et s'il ne sait pas » préparer les hommes à aimer et à pratiquer les vertus, il verra que ses lois inutiles n'au-» ront fait aucun bien à la société. »

L'expérience a aussi démontré que l'influence accordée aux majorités devient subversive de tout ordre, de toute hiérarchie, si elles sont réelles, c'est-à-dire, un composé libre et

Il est donc vrai de dire que c'est dans la morale qu'il faut chercher les seules garanties des libertés, et si, suivant d'un pas égal
cette ligne évidemment tracée par la nature, les Ministres eussent
imprimé un mouvement actif et rapide à la réinstitution de la
morale, en dirigeant soigneusement la considération publique,
qui en est la source, vers ce but, les passions, les intérêts divers,
les partis qui en sont le produit, seraient successivement venus
d'eux-mêmes et sans efforts rejoindre le Gouvernement dans sa
marche assurée, se ranger autour du trône redevenu le centre
moral de l'État.

Montesquieu l'a dit : « L'Etat se corrompt et se perd lors-
» qu'on peut être à la fois couvert d'infamie et revêtu de dignités. »
Si le produit du vol, de la cupidité, de la bassesse et de
la trahison, quelque immense qu'on pût le supposer, était devenu
insuffisant pour acquérir la moindre considération, les désordres
privés et publics auraient trouvé leur terme, les partis neutra-
lisés auraient cessé de conspirer, s'il est vrai que les hommes
conspirent rarement pour recueillir la honte, pour encourir les
vengeances célestes et la haine de leurs semblables.

Enfin, pour recueillir des vertus, il fallait cultiver des vertus;
ils ont essayé de cultiver des crimes, et protestant de leurs bé-

dégagé de l'influence des minorités; ou bien qu'autrement, et si les majorités sont factices,
leur influence n'est plus qu'un dangereux leurre sous l'apparence duquel se déguise l'arbitraire
le plus intolérable, celui d'une olygarchie non organisée. Cette funeste puissance des
majorités sur les minorités, a commandé aux législateurs de neutraliser le danger des suf-
frages du peuple, par la condition imposée de les faire porter au milieu de la minorité.

Cependant on a vu le Gouvernement royal méconnaissant cette vérité, se jeter sur les deux
écueils qu'il devait rencontrer, tour à tour, dans une attitude humble, défensive et des plus
périlleuses devant la majorité réelle, ou bien ressaisissant péniblement le pouvoir et rédui-
sant les majorités aux apparences; dans l'une e l'autre position, il a laissé les individus
sans défense contre les passions des olygarques, contre l'arbitraire déguisé sous les apparences de la loi, et les Ministres ont en même temps acquis la dangereuse certitude que,
pour se livrer impunément à toutes sortes d'abus de pouvoir, il suffirait de s'assurer, à tout
prix, la majorité dans les Chambres. C'est alors, comme l'a dit plaisamment un auteur
spirituel et profond, que la France finirait par croire que la représentation nationale n'est
plus qu'une représentation au bénéfice de MM. tels et tels.

névoles intentions , ils s'émerveillent aujourd'hui de recueillir des crimes.

Quand cessera-t-on de confondre ainsi tous les élemens de la gloire de la patrie et du bonheur du peuple? Quand cesserons-nous d'apprêter à la risée de nos neveux, d'appeler leurs mépris sur notre siècle ? Plaise à Dieu d'inspirer le Prince pour nous soustraire à cet esclavage sans contredit le plus vil, le plus humiliant pour une grande nation, et qui la ferait incessamment gémir sous un joug aussi pesant d'inéptie que dégoûtant de corruption ! ! !

Ils viendraient ces illustres qui se partagent nos dignités et notre fortune nous dire d'un aveu naïf qu'ils sont convaincus de sotise ! (1) que l'expérience est à jamais leur grand maître ! ! Il serait démontré jusqu'à l'évidence que leurs ineptes systèmes ont exposé les citoyens à s'entr'égorger, que leurs funestes doctrines ont aiguisé les poignards destinés à égorger nos princes : il serait démontré que sans partager quelques titres à la gloire acquis par leur premier maître, ils n'ont recueilli de son héritage que l'épouvantable don d'incendier l'Europe ; qu'ils ont élevé une nouvelle ligue de Rois prêts à fondre sur leur patrie, et qui tous occupés à panser les plaies sociales nouvellement envenimées n'arment plus contre nos victoires , mais bien contre nos crimes.

Qu'encore par *un étrange sentiment des convenances*, qui signale *l'approche* de la dépravation générale, on se montrerait heureux de s'allier à de si sublimes génies et de les soutenir dans les hautes régions où leur vol rapide les fait planer.

On ne saurait trop le répéter , puisque c'est la cause de tous et la cause particulière dont il s'agit ici, un autre ordre de choses et

---

(1) » Quand on se brûle au feu que soi-même on attise ;
     » Ce n'est pas accident , mais c'est une sottise.
                                         (REOXIER).

Par l'aveu que soi-même il faut faire de son impéritie, le mal est-il réparé ! ! ! Est-on devenu homme d'État ?

d'autres exemples, harmonieusement combinés avec les lois de la
nature, comme avec la Religion, ne laisseraient bientôt plus au
gouvernement qu'à retirer les barrières qu'il a lui-même opposées
au retour de quelques-uns à la Religion et à la morale (1); les
lois sur la propriété ne seraient plus réduites à contredire les
principes religieux et moraux touchant le même objet, de même
que les lois sur le mariage et le divorce cesseraient de démentir
la morale publique et la Religion de l'État ; et bientôt des milliers
de familles, qui gémissent dans une position analogue à celle de
l'Exposant, n'auraient plus à déplorer des désordres semblables
à ceux dont il se voit obligé de signaler l'exemple suivant devant
les États assemblés.

De grands malheurs non moins que les orages de la jeunesse

(1) La direction donnée à la considération publique institue et conserve la moral des
nations, qui n'est autre chose que le faisceau des questions préjugées, dont le dépôt sacré
est confié à la garde des gouvernemens légitimes dans l'intérêt de l'ordre social. Dès lors
que cette vérité est méconnue, il résulte que le Gouvernement légitime, dont le droit divin
découle de l'avantage que sa stabilité assure aux intérêts individuels, à la nation en masse,
compromet son existence, et, par une conséquence évidente, s'il légitimerait, s'il était possible, dès qu'il cesse de représenter la clef de cette voûte inébranlable sur laquelle doivent
reposer tous les intérêts sociaux, tous les droits légitimement acquis ; aussitôt que son
exemple, sa force et toutes ses tendances contredisant son propre intérêt et l'intérêt de
tous cessent de coopérer avec la Religion. Celle-ci fait intervenir l'autorité divine, et la
crainte du sacrilège en faveur du respect dû à la solution des questions préjugées, dont une
nouvelle discussion destructive de toute harmonie, de toute sécurité entre les individus,
les exposent bientôt à toutes sortes de déchiremens, de crimes et de vengeances, et à s'entr'égorger enfin aux approches de l'anarchie.

Qu'on apprécie, s'il est possible, l'incommensurable distance qu'il y a entre de telles extré-
mités et les résultats les moins entachés de l'imperfection humaine qu'on peut obtenir de
la légitimité ! Elle suffit à neutraliser les passions : attraction irrésistible, elle les entraîne
dans son cours et les force à graviter autour d'elle, alliée naturelle de la Religion et de l'honneur, les exemples qu'elle consacre deviennent aux yeux des peuples l'invariable définition
du bien et du mal, majestueux système révélé à l'homme par son respect pour ses auteurs,
par son amour pour sa postérité, et qui emprunte la puissance de ses prestiges de la véné-
ration qu'impose à l'espèce humaine l'éternité même avec laquelle la légitimité semble
se confondre dans la nuit des temps, aussi bien par l'illusion des souvenirs que par les
charmes de l'espérance.

2

ont réduit une jeune mère de famille à chercher un refuge auprès de l'Exposant contre d'intolérables procédés et dans l'intérêt de sa propre conservation, de même que dans l'intérêt de ses enfans, unis d'ailleurs de parenté avec l'exposant. Trop confiant peut-être dans cette morale transitoire qu'avait créée les lois transitoires elles-mêmes qui depuis 20 ans régissaient les engagemens matrimoniaux, l'Exposant a cédé à un excès de délicatesse qui, encore exalté par des considérations toutes-puissantes et sur lesquelles il ne lui appartient pas de déchirer le voile, lui a imposé de donner son nom à cette même épouse après qu'elle a eu divorcé. Cependant le législateur a tracé sur nos tables de la loi ce peu de mots : *Le divorce est aboli*, et soudain il a suffi pour que l'antique morale anéantît la morale transitoire, ressortît tous ses effets sur l'opinion, et redevînt le juge suprême des actions passées et présentes ; il a suffi pour que l'exposant devînt victime de son respect même pour la loi, de son respect même pour la morale, d'après laquelle il avait cru agir, ou bien plutôt de cette disposition législative trop incomplète. En effet, tandis que l'opinion s'élevait pour que la mère de famille quittât son second mari selon la loi pour se réunir au père de ses seuls enfans encore existans, son mari selon la Religion ; tandis qu'une voix divine et menaçante s'écriait : *Il n'appartient point aux hommes de séparer ce que Dieu a réuni ; rentrez dans vos premiers liens, craignez, d'être surpris dans l'impénitence finale :* une dernière puissance bien insuffisante à la vérité, mais enfin réservée à la loi précédente s'élevait encore pour s'opposer à cette réunion, plaçait le mari selon la loi dans la nécessité d'opposer contre sa propre opinion une résistance insignifiante aux vœux de tous, aux ordres de la morale et du divin Législateur ; cette dernière autorité l'emportant bientôt sur d'aussi débiles obstacles, sur les contradictions de la loi avec elle-même, les parties se sont trouvées dans cette position désordonnée dont une des suites serait que les enfans à naître de cette réunion très-morale, trèspublique et cependant illicite, porteraient selon la loi le nom du mari reconnu par cette autorité, et celui du mari reconnu par la Religion, d'après cette autre autorité divine, et l'opinion notable qui la respecte à juste titre.

Le moins grave des inconvéniens subséquens n'est pas sans doute de vouer au célibat celui qui, n'en ayant ni les vertus ni les habitudes solitaires, risque de porter au milieu de la société de nouveaux troubles et de nouveaux scandales.

Mais sous le rapport du préjugé du point d'honneur et sans en presser autrement les conséquences, tout ceci devait donner lieu à des débordemens d'unenature non moins sérieuse; en effet, réduit dans son opinion à renoncer à l'attaque envers le père de ses beaux-enfans, envers le mari (Dieu respectant), de sa propre femme, l'epoux légitime, si légitime voulait encore dire selon les lois, a succombé, sinon à la défense, du moins dans les chances fortuites auxquelles elle a donné lieu, et qui ont compromis sa vie, délabré sa santé, et, par une conséquence affligeante, abrégé et flétri son existence.

Qu'on ne pense pas que l'Exposant ait pu, s'élevant avec beaucoup d'autres au-dessus de l'opinion, renonçant jusque dans l'âge mûr aux consolations, pour lui si nécessaires, qu'offre la religion de ses pères, se soustraire à ces fâcheux résultats et faire valoir avec succès les droits que la loi lui assure à titre de mari. Déjà les Ministres du culte reconnu s'empressaient selon leur vocation de faire cesser le scandale de cette union anti-religieuse, à laquelle le titre de concubinage n'était pas épargné; déjà dans les premières classes de la société, à l'une desquelles l'Exposant appartient, on s'empressait à l'envie de témoigner qu'on en portait un jugement aussi défavorable; source de terreur religieuse et d'humiliation mondaine, pour une mère de famille, une telle union attaquée dans ses bases devait nécessairement devenir féconde en dissentions domestiques et bientôt avocats et conseils, président, juges et substitut,

tous mus sans doute par l'intention recommandable de consacrer une jurisprudence toute morale, mais outre-passant
peut-être leur mandat respectif, et n'appelant que de nouveaux
déréglemens en divulguant le vice de la loi aux yeux de ceux qu'elle
engage encore, se trouvèrent, à leur propre louange, réunis d'opinion sur les bases du jugement à intervenir, qui prononcé depuis
en présence de la femme et du premier mari réunis contre le
second mari aussi présent à l'audience, autorise celle-ci, à titre
d'expiation sans doute, à se dépouiller de tous ses biens en faveur
de son premier époux en les lui cédant à vil prix ; cette vilité du
prix offert démontrée par les preuves légales produites, aussi bien
que par les offres des tiers, ne parut pas aux magistrats une considération digne de leur faire prononcer une ordonnance d'exper-
tise, et tant était définitive cette détermination, dont on n'avait pas
même fait un secret, de ne reconnaître que le premier mari pour
chef de la famille, dût-il dissiper la fortune de tous, dût son
insolvabilité être de même démontrée que ses procédés périlleux,
sous ce rapport, qu'on n'eut aucun égard au consentement que
le second mari offrit de donner à ce que le bien, jusqu'à concu-
rence des sommes dues, fût assuré aux enfans (déjà propriétaires
de moitié à titre de nue propriété), la mère conservant une partie
de ses revenus sa vie durante.

Ainsi et sans s'inquiéter des avantages matrimoniaux que
s'étaient réciproquement assurés les époux légalement parlant,
la femme dépossédée (*) de toute fortune, tous ses biens aliénés
malgré son mari, reste en possession d'exiger de ce dernier la
provision ou pension que lui assure cette loi, que le Tribunal
a pu méconnaître aujourd'hui sous un rapport, mais dont il
ne serait pas en son pouvoir de neutraliser les effets sous un autre
rapport, s'ils étaient réclamés un jour à venir.

L'Exposant ajoute que, si plus décidé qu'il ne devait être à
faire réformer tout jugement rendu en ce sens, il en eût sollicité la révision devant la Cour suprême, les magistrats auraient

(*) Qu'une femme divorcée, déshéritée
d'environ 20,000 fr., consente à se faire dé-
posséder de 9,000 de rente, il suffit d'estimer
les biens (immeubles) 60 à 80,000 fr., au
lieu de 160 à 180,000, leur valeur réelle,
alors la moitié en étant assurée par la loi,
à ses enfans, la part qui lui reste couvre à
peine la dette.

Il est vrai que, pour atteindre ce résultat
désirable ou non, il lui fauta peut-être
annoncer à plus de 40,000 fr. de droits d'accroître d'autres parts ou de parts ou de reparations par
elle effectuées, et enfin à la juridiscrétion
de la part de ses enfans que la loi lui assure
au moins jusqu'à leur majorité. Mais qu'im-
porte, le moyen est infaillible s'il agit de tout
ages, et il n'existe pas une autre rate, di-
vise et rapetissée, qu'on vit sa succession
et son vivant le plus tôt possible, en faveur
d'un mari, tout soit peu décidé, qu'on a
résolu.

été réduits à contester l'autorité divine que la loi reconnaît , ou bien à démentir les lois qui la contredisent (1).

Une loi salutaire ? une loi entée sur les racines de l'antique morale ? Sans cette condition les lois ne sont rien , le cercle que l'on parcourt est vicieux , les désordres sont sans fin , et on croit avoir assez prouvé la nécessité de completter la législation en ce sens, dès lors qu'on a prouvé que, loin de se rapporter à la morale publique et religieuse, la législation actuelle en entrave la réinstitution (2).

(1) Qu'on ne cherche pas d'où vient cette inquiétude *vague mais réelle* que l'expérience est enfin parvenue à faire apercevoir , et qui doit s'accroître de la présence des mêmes hommes au timon des affaires. Là où la morale n'est pas une fois pour toutes fixée , déjà les intérêts individuels font agir au jour le jour ; mais, à plus forte raison, là où les exemples contredisent la morale et la montrent indécise et variante au gré des hommes , toutes les carrières, militaires , administratives, judiciaires et commerciales sont néces-sairement bornées aux avantages qu'offre le présent, et n'offrent de quiétude pour le sort à venir des individus qui les embrassent, que dans l'or, que dans la fortune qu'ils sont d'autant plus empressés de s'approprier. Que peut devenir la jeunesse sous de telles conditions sociales , et peut-on bien s'égarer à ce point de prétendre gouverner la génération actuelle et celle qui s'apprête à lui succéder, en déifiant à l'exclusion de tout la cupidité heureuse? Ah ! qu'on ne s'y trompe point , le salut de la patrie exigerait aujourd'hui que le vice fût humilié , que le crime fût ostensiblement marqué du sceau de son éternelle réprobation, encore que le vice et le crime s'obstinassent à se cramponner sur les degrés du trône.

(2) On est forcé de convenir que la seule liberté réelle émane de la morale , lorsqu'on observe que l'unique avantage dont le peuple anglais soit actuellement appelé à jouir sous ce rapport, découle de l'indépendance des juges et des jurés , et que cependant tenant de l'espèce humaine leurs passions qui en sont une condition essentielle , ces magistrats seraient susceptibles de se laisser corrompre, si une sage et savante combinai-son d'institutions morales et coordonnées n'avait , ajouté à la force de leur indépendance , celle de la noble ambition de la considération publique et de leur propre estime, qui les guide et les retient dans les voies du devoir au grand avantage de la nation.

. . . . *Quid leges sine moribus*
» *Vanæ proficiunt.* »   (HORACE)

Qu'on a mauvaise grâce, ceci prouvé, à proclamer à la tribune qu'un jury indé-pendant serait insuffisant à réprimer les crimes et nous conviendrait mal, quand le ministère a défini si mal par ses actes et par ses tiraillerics philosophiques , ou pour mieux dire sophistiques, la morale aux yeux des jurés.

De quelle pudeur se montre-t-on pourvu, en ajoutant que, sous le rapport des crimes politiques et des délits de la presse, notre jury, tout dépendant qu'il est encore, est

L'Exposant se résume, et, en son fait individuel, considérant que ses engagemens matrimoniaux ont été primitivement contractés à titre conditionnel ; considérant qu'il existe plusieurs enfans du premier mariage de celle avec laquelle il a contracté, et qu'il n'en existe point du sien avec elle ; considérant qu'après avoir été autorisée à se dépouiller de ses biens en faveur de son premier mari, cette dame a sollicité et obtenu, de consentement mutuel et à l'amiable, une séparation de fait entre elle et l'Exposant ; qu'elle a paru devant les tribunaux avec son premier mari ; que, par ce seul fait et ses conséquences, les lois sur le divorce ont été considérées par les magistrats, en quelque sorte, comme non avenues à leur égard ; que les enfans à naître de la réunion opérée, entre le *premier époux de l'épouse* de l'Exposant et cette dernière, seraient indécis sur le nom qu'ils devraient prendre, soit du mari selon la loi, soit du mari selon l'église ; considérant que la faculté de se séparer de corps et de biens, réservée par les lois et par la religion, est susceptible d'être contestée ; que d'ailleurs elle est insuffisante dans l'espèce, puisqu'elle supposerait deux mariages à titre indissoluble, ce qui ne saurait exister à l'égard de deux époux d'une même femme. Attendu en dernier lieu que, selon la Religion de l'État, l'union de l'Exposant avec son épouse n'est considérée que comme un concubinage, tandis que la réunion des époux divorcés, si toutefois elle était prouvée, ne pourrait être considérée, selon la loi, que

d'une insuffisance notoire ? lorsque la versatilité des ministres et leurs tergiversations de l'un et de l'autre parti ont si dangereusement prouvé que dans leur propre opinion la morale, à cet égard, n'a jamais été irrévocablement définie ?

Hélas ! c'est par une suite inévitable de cette désolante indécision sur ce qui est bien et sur ce qui est mal, sur les vertus publiques, que le Ministre de la justice ne pourra bientôt plus trouver de force pour faire agir le glaive de la loi contre l'exagération d'un parti dangereux, dont il a lui-même accru la force et l'audace, que dans l'exagération dangereuse du parti opposé qu'il caresse actuellement.

Comment s'entendre enfin au milieu de ces systèmes erronés ? Où cherche-t-on encore les artisans du désordre ? Veut-on combattre sans fin avec les mêmes hommes *l'esprit perturbateur dans ses effets*, sans jamais le combattre sans eux dans ses causes ?

comme un commerce adultère, et que les lois d'un pays ne peuvent pas empêcher les individus de recourir à la Religion reconnue dans ce même pays, l'Exposant sollicite une loi générale ou spéciale qui l'autorise à faire annuler le divorce prononcé entre son épouse et le premier époux de celle-ci, et par une conséquence nécessaire, son propre mariage contracté subséquemment avec elle; sauf aux parties à se retirer devant l'officier de l'état civil, pour faire opérer sur les registres les rectifications nécessaires; et sauf aux tribunaux à régler les intérêts des tiers, d'après les règles de l'équité et les lois attributives.

POST-SCRIPTUM.

(Dans lequel on s'est soumis à la méthode nouvelle, de traiter une Question, et qui consiste à l'aborder de loin, à l'aborder peu, ou à ne l'aborder point.)

« A quoi nous servirait d'avoir repris notre ancien Gouvernement si nos mœurs
» corrompues en avaient relâché tous les ressorts, si l'on voyait les citoyens
» couverts tranquillement d'ignominie, l'ambitieux ne travailler qu'à décrier
» son concurrent par des calomnies, vouloir perdre ses rivaux, mais ne pas
» se donner la peine de valoir mieux qu'eux, etc. »
(MABLI. *Entretiens de Phocion*).

S'IL était possible de reconnaître sans une profonde affliction les présages effrayans du passage de l'anarchie dans les principes, à l'anarchie dans les conséquences, tels que quelques-uns de ces indices peuvent se laisser entrevoir sous un Gouvernement légitime, il serait curieux de voir les respectueux hommages que commandent l'habitude des convenances et toutes les idées reçues, exigés par les Ministres et en leur faveur, de ceux-là même qu'ils n'ont pu parvenir à persécuter, qu'en renversant toutes les idées reçues. Ils ont mis de tous côtés l'ingratitude et la persécution à la place des récompenses; l'iniquité révolutionnaire à la place de l'équité religieuse, le fait en contradiction avec le droit, et, chose admirable! ils n'ont pas prévu dans leur propre intérêt qu'ils exposaient ceux dont les droits sacrés ont été illégitimement repoussés, à une extrême tentation de suivre avec un avantage immense la ligne tracée, en adjoignant sinon le fait à leur droit, du moins la menace; ou bien quelques-unes de ces personnalités qui empruntent il, est vrai, ce qu'elles ont de choquant, des vérités qu'elles retracent, et du contraste qu'elles offrent, avec cette attitude réservée d'une respectueuse reconnaissance dans laquelle il est toujours tranquillisant de voir ses victimes se maintenir.

C'est bien décidément de la manie des expériences, que ces Messieurs sont possédés; et il serait bien instant de ne plus laisser à leur portée, au milieu de beaucoup d'autres joujets dont ils doivent blesser tour à tour ce qui les environne et probablement eux-mêmes, cette pierre de touche à l'aide de laquelle ils se montrent déterminés à essayer à tous prix la raison humaine. Tout ceci rappelle, en le surpassant peut-être et comme on le verra dans ce qui suit, leur conduite mémorable en 1816. Il s'agissait d'abord d'éprouver de nouveau *si les intérêts de la nation peuvent être confiés sans danger à la raison et au patriotisme des individus, lors même (condition expresse de tous nos malheureux essais) que la morale est depuis trente ans contredite, et que l'intérêt particulier se trouve en opposition avec l'intérêt général.*

On saisit les apparences de pénurie que présentait une récolte compromise il est vrai, mais loin d'être annihilée par l'intempérie de la saison; l'influence du Gouvernement fut prodiguée aux accapareurs de grains, dont tout le patriotisme, comme on devait s'y attendre, s'évanouit devant l'insatiable désir d'acquérir de l'or : la force publique demeura chargée de les protéger, de les soutenir dans leurs prétentions, quelque exagérées qu'elles fussent, contre une population désespérée qui réclamait à tous prix le substance qui lui était enlevée ; et bientôt la subtance du peuple devint, dans la main des accapareurs, un trésor s'accroissant sans cesse de lui-même, et qu'il ne s'agissait plus que de soustraire à la consommation.

La moitié de la nation (terrible résultat de la plus dangereuse expérience), toute la classe ouvrière livrée aux horreurs de la famine, désertant ses chaumières malgré de barbares défenses, se disputant les racines et les chardons mêmes que les animaux rejettent, échangeant de toutes parts le dernier asile réservé aux victimes d'une coupable impéritie, vint avertir le ministère que, dans l'intérêt de son propre salut, il était temps qu'il forçât illégalement les coffres de l'Etat, qu'il en appelât à la charité publique et particulière. Ces mesures tardives, de même que toute l'influence du Gouvernement dirigée dans ce sens et se contredisant elle-même, furent impuissantes à sauver le peuple, et ne réussirent qu'à prodiguer des trésors immenses aux monopoleurs : les derniers nantis d'entre ceux-ci, pour la plupart ruinés, se suicidèrent en grand nombre : cependant, pour constater mieux l'incurie des dépositaires du pouvoir, l'abondance reparut aux approches de la récolte prochaine, et six mois suffirent à peine à consommer ce que, contre ses intentions paternelles, les armes du Roi avaient aidé à dérober à ses sujets.

Il s'agissait en second lieu de savoir si, désespérés par les rigueurs de la famine et par celles qu'on y avait imprudemment ajoutées, quelques individus de la dernière classe ne céderaient pas à de si puissants véhicules ; en se conjurant contre les accapareurs. Ici les résultats présentèrent quelque chose de surprenant dans les difficultés qu'on éprouva à les obtenir, et on ne parvint à conjurer le peuple contre la cupidité qui spéculait sur ses misères, puis, une fois tous les freins méconnus, contre les riches et la noblesse, qu'on le soumettant à de violentes fomentations d'une philosophie sophistique et à toutes sortes d'instigations étrangères, qu'en aidant enfin à la fermentation des esprits au

3

moyen d'auxiliaires levés au milieu des partis et parmi les agens secrets de la police.

Enfin il s'agissait de savoir en troisième lieu, si, placés sur les bancs des accusés, devant des propriétaires châtelains et des émigrés qu'on avait choisis pour décider de leur vie, ces mêmes malheureux dont le cri de ralliement était guerre aux châteaux, paix aux chaumières, et qui se promettaient un jeu (de boule) des têtes abattues de la noblesse, trouveraient grâce dans les préceptes de religion et d'honneur conservés dans cette première classe de la société.

Grâces au Ciel, l'épreuve ne fut pas douteuse ; admirable exemple de l'empire des généreux sentimens sur de nobles âmes! Cette noblesse, ces émigrés, pour la plupart privés de tous biens, échappés par miracle à la fureur des révolutions, devant lesquels on déployait les enseignes de 95 que ces malheureux avaient arborées, ces hommes, dont on avait insidieusement cherché les passions, ne retrouvèrent que leur honneur! Dans ce siècle où l'on avait vu tant d'honnêtes gens comparaître devant des tribunaux assassins, on vit les honnêtes gens acquitter leurs assassins, détourner leurs regards des armes destinées à leur propre massacre, mesurer scrupuleusement sur le bien public la réparation indispensable au maintien de l'ordre, et implorer encore la Royale clémence en faveur des plus coupables.

Toutes les fautes de ces derniers s'atténuèrent de la grandeur des fautes du ministère; avec eux celui-ci fut jugé. Le Roi fit grâce à la plupart de ces innocens qu'on avait égarés ; toutefois ses Ministres jugèrent à propos d'en faire *tuer* quelques-uns pour l'exemple!

Dès lors les amis du prince devinrent les ennemis naturels des funestes auteurs de ces fautes si graves : sauver la nation de leur impéritie, si non de leur perfidie, éclairer son souverain, les accuser fut le devoir imposé à tout homme de bien ; et dès lors il ne s'agit plus, pour nos hommes d'Etat, que de flétrir la voix des honnêtes gens, de dénaturer les faits, de fasciner les yeux du prince, d'accuser leurs accusateurs (1) !

De là cette incohérence dans leurs discours, cette contradiction autrement inexplicable entre les élémens et les fins de leur puissance.

Conséquens dans leur affreux système, ils armèrent pour la révolution; la censure et le pouvoir vinrent se perdre, s'avilir en leurs mains; ils préférèrent condamner les lois à demeurer muettes spectatrices des outrages dont ils étaient eux-mêmes l'objet, plutôt que de souffrir qu'elles réprimassent encore les attaques portées contre les hommes les plus dignes, contre tous les sentimens respectables.

L'expérience qui se continue aujourd'hui doit être plus terrible encore dans ses résultats; elle n'est plus un secret que pour ses auteurs, et l'intérêt du genre humain veut qu'on le divulgue. En thèse générale, il s'agit de savoir quand et comment doivent éclater les guerres civiles et l'anarchie, produit inévitable des doctrines nouvelles et des nouveaux exemples, si c'est par des rebellions à main armée, ou bien par l'assassinat des héritiers

(1) Écoutez à présent leurs discours, il en faudrait inférer que tout dans ce monde est définitivement bouleversé;

Que, pour *abréger les suites dangereuses de nos troubles civils*, ils ont dû prodiguer les trésors de l'État à tous ceux qui consentaient à prépiger avec eux les principes de ces mêmes troubles !!!

Que, pour *soustraire à de justes châtimens*, à des mesures rigoureuses des hommes (des ingrats), *qui s'étaient autant compromis*, ce n'était pas assez de *les couvrir*, de se *livrer tout entier*, non sans un grand scandale, à *leur défense*; il fallait encore leur confier l'influence du Gouvernement, les emplois, les récompenses et les dignités;

Il fallait s'allier avec eux pour amnistier la fidélité, déverser avec la calomnie le mépris sur elle, la harceler, la poursuivre, la déposter de toute part, se jouer de toutes les vertus publiques, et hâter enfin l'explosion des crimes en précipitant la corruption des vices.

Ne serait-ce pas se donner les apparences de la mauvaise foi et de l'hypocrisie, que d'emprunter le langage de la loyauté pour persuader à son tour la candeur toujours confiante, des regrets qu'on éprouve de s'être de bonne foi trompé, qu'il y a eu erreur là où la commune raison ne peut reconnaître cependant que la combinaison approfondie d'un égoïsme atroce, auquel on paraît avoir tout sacrifié, princes et patrie, peuples et citoyens.

présomptifs de la souveraineté; si c'est par l'explosion de quelques mines, audacieux attentats contre la vie des princes et des monarques, ou bien par les guerres d'Etat à Etat, devenues dangereuses par les chances de défection qu'elles présentent, que le sang humain doit recommencer à couler à flots !

Sous un rapport moins général cette nouvelle expérience a encore pour but d'éprouver jusqu'à quel degré les derniers liens religieux et moraux suffisent encore à tenir en garde les plus nobles âmes, contre les dernières déterminations d'une défense naturelle et légitime, dans les droits de laquelle une si grande multitude d'injustices notoires, de violation de principes, tendent à faire croire à quelques-uns qu'ils sont réintégrés ; jusqu'à quel degré l'anarchie, dans les principes, peut tarder à développer ses fermens sur les individus avant d'opérer sur les masses.

Ainsi non contens d'avoir en même temps retraité les régicides et repoussé d'honorables droits, refoulé impunément et par milliers dans les derniers réduits du malheur les exemples personnifiés d'une entière abnégation et d'un dévouement sublime; l'expérience semble encore incomplète aux opérateurs ; et le feu qui mine et dévore l'ordre social n'est pas assez ardent : ses résultats sont trop tardifs à leur gré.

Il semble que ce soit pour hâter à tout prix la fin de cette œuvre imprudente que, pour objet d'une injustice si bien caractérisée qu'elle a pris toutes les apparences de la persécution, ils se sont avisés de faire choix d'un militaire pourvu d'un caractère peu flexible, et qui, tenant son droit de son dévouement, son rang de son courage, devait être nécessairement moins retenu par les sentimens religieux qui font les victimes faciles et discrètes en leur imposant le charitable pardon des injures, qu'exalté par sa confiance dans la justice de sa cause, par le ressentiment naturel de l'intolérable iniquité qui pèse sur lui.

Pour cette fois l'expérience, s'il en fallait croire le bruit public, aurait réussi au-delà de tous les désirs et fait rejaillir sur l'un des opérateurs une de ces humiliations qui ne laissent de choix qu'entre l'oubli du danger et celui du point d'honneur. Puissent de nombreux imitateurs ne pas suivre ce fâcheux exemple avant qu'on ait dérogé à l'étrange système qui y a donné lieu. Cependant il a dû être suffisamment démontré aux esprits perplexes qui errent et s'égarent dans les voies de l'incertitude, *que l'injustice et ses persécutions ne consomment rien irrévocablement, par cela même qu'elle est injustice et que la force ne saurait prescrire le droit;* qu'à l'équité seule il appartient d'anéantir les divisions, de mettre un terme aux révolutions ; tandis que l'iniquité relève de toutes sortes de scrupules, laisse ou replace les intérêts dans une attitude hostile, nivelle tous les rangs et nous fait rétrograder avec rapidité vers l'égalité positive, qui, parmi les hommes civilisés, ne peut être que l'anarchie.

Mais par une fatalité dès long-temps reconnue, toute leur grandeur d'âme se réduit à frapper eux-mêmes, de nouveau, les victimes qu'ils ont eux-mêmes de nouveau exaspérées, et à leur faire subir, par une double injustice, la peine réservée à leurs propres f.... 3.

Malheur à une nation, lorsque son Souverain ne peut plus trouver de garantie du respect qu'on apporte à la garde des lois, que dans celle que lui présente, en première ligne, des hommes accablés d'outrages publics, poursuivis d'accusations à la tribune et de sarcasmes dans les écrits du temps, et qui n'ont plus de ressources que dans la faveur, les titres et les décorations dont ils ont émoussé les prestiges pour déguiser le rachytisme dont leur moral est atteint.

Dérobez-vous dans les détours de vos palais à la reconnaissance publique et particulière ; effacez-vous au fond des élégans équipages que le sort vous prête, ou bien soudoyez, à l'instar de vos prédécesseurs, une garde étrangère ou secrète ; mais dites-lui bien d'oublier ce que vous disiez hier... cachez-lui soigneusement le prix que vous avez fait de la fidélité ; gardez-vous bien de laisser paraître au milieu d'elle l'image des rebelles de Naples et de Madrid; que, couronnés de lauriers et encensés du titre d'immortels, vous laissiez naguères colporter parmi nous; autrement votre garde pourrait bien n'être pas plus fidèle à ses devoirs que tant d'autres....

Quelle nécessité y a-t-il de rendre plus palpables les vérités qui ressortent de tout ceci? faut-il dire encore que nos facultés intellectuelles à peine développées, et dès lors décroissantes, ne tendent plus qu'à la décrépitude avec tout notre être; qu'en un siècle où le lendemain ne doit en rien ressembler à la veille, l'expérience, c'est-à-dire dans ce cas l'habitude, est inhabile à suppléer le génie; qu'en vain remettrait-on mille fois un aveugle sur la ligne droite, et qu'il est plus qu'imprudent de le conserver pour guide, alors qu'averti des écueils, il vous a déjà fait vous perdre, vous blesser cruellement. D'ailleurs ne viennent-ils pas, ces mêmes personnages que nous désignons, de porter de nouveau une main attentatoire sur les principes conservateurs de l'ordre social? n'ont-ils pas conçu et signé cette ordonnance (désespérante, si on la considère sous un point de vue général,) qui atteint les dignes successeurs des fidèles officiers de l'antique maison de nos rois? et cela sans autre but réel que d'applanir les obstacles à l'injustice, de consacrer avec d'inutiles spoliations le droit d'en prononcer de nouvelles, d'introduire auprès du prince et parmi quelques fort honnêtes gens qui, certes, n'avaient pas sollicité les grâces du souverain à ce prix, quelques-unes de leurs créatures ou bien quelques-uns de leurs parens dont ils ont adroitement supprimé les charges pour les mieux favoriser après. Ils ont encore de la sorte fait une risée de toutes ces légitimités, et isolé le Roi aux yeux du vulgaire des principes de sa souveraineté, dont le droit semble découler de même source que le droit de propriété; ils ont dénié que la fidélité fût un devoir utile à remplir, que le dévouement fût une vertu, les grands sacrifices et les longs malheurs dignes d'être pris en considération; et on se demandera désormais, grâces à eux, ce qu'il faut faire pour être rassuré sur son avenir. Mais ce n'est pas assez dire, ils ont encore renouvelé leurs précédentes persécutions. Leur journal affidé s'est porté de nouveau le calomniateur des nouvelles infortunes qu'il leur a plu de créer, en publiant que *depuis peu les courtisans du Roi sont les premiers serviteurs de l'Etat.*

Sont-ils si bien convertis ou même si bien déguisés, qu'on les puisse méconnaître, ces mêmes hommes, ces mêmes personnages ministériels, auxquels, en 1818, et lorsqu'ils nous vantaient arrogamment l'influence de la censure confiée en leurs mains, nous écrivions dans un style plus énergique qu'on ne doit l'employer ici : Soignez mieux l'honneur des vôtres, et songez moins à votre fortune et à la leur, pour ne plus vous occuper que de la stabilité du trône et du salut de l'Etat, et ne tolérez plus, puisqu'il est trop vrai que la censure est à votre disposition, qu'on publie impunément que la liberté veut être *assise* sur des *matelas* de cadavres, que ce mot est vrai ! ! et que, quelques attentats et quelques fureurs qu'il puisse résulter de l'établissement de la liberté, elle est (quelle liberté, grand Dieu !) nécessaire au bonheur des peuples. « Songez, ajoutions-nous, et en des termes que nous prêtait notre indignation, que la *morale*, les conséquences de cette abominable doctrine tendent au renversement des Etats et à l'assassinat des princes ! »

Hélas ! à Dieu ne plaise qu'un amour-propre puéril nous inspire aujourd'hui de rappeler l'affreuse réalité qui atteste si cruellement notre insuffisante perspicacité ! C'est à un nouveau devoir que nous cédons, en empruntant toutes les puissances de la vérité pour éloigner de nouvelles calamités, pour fixer l'attention des honnêtes gens de toutes les opinions, pour les élever tous, s'il est possible, contre la déplorable administration de ces hommes funestes qui ne peuvent compenser les fautes irréparables qu'ils ont commises, que par d'oiseuses protestations de leurs impuissantes intentions. N'eussent-ils que toléré la publicité de tant de calomnies atroces, de doctrines infernales, de sophismes dangereux, d'impiétés sacriléges, encore devraient ils être convaincus d'avoir corrompu l'opinion publique, d'avoir débilement prêté leurs mains à forger avec une audacieuse publicité cette chaine sanglante qui réunit dans l'exécration nationale le 21 janvier au 13 février.

N'ont-ils pas assez démérité ? Faut-il encore attendre que chacun de nos mois vienne nous rappeler bientôt un nouvel attentat que leur aveuglement a fait naître, et que leur inhabilité n'a su prévenir ? faut-il attendre encore qu'ils aient déporté, sur des volcans embrasés, jusqu'au dernier peuple et jusqu'au dernier roi ?

(1) Ce serait p ut-être le moyen unique de porter la lumière sur l'ensemble de cette grande scène de désordre qui se passe autour de nous ; comme d'en éclairer les plus affligeans détails ; ce serait encore faire toucher, à l'incrédulité même, cette plaie profonde qui menace l'existence du corps politique ; et léguer enfin à la postérité un monument instructif à *la plus grande gloire* de nos sous-gouvernans, qu'une vaste souscription nationale ouverte en faveur de quelques-uns des nombreux objets des injustices insignes, qui ont été n guère c malisés.

Chacun de ceux appelés à concourir dans ce vaste champ de misère, ou de tribulation, adresserait, pour être réuni et publié, enun corps d'ouvrage, un exposé sommaire de sa position particulière, du sujet d'affliction dont il a été frappé ; sans en omettre que quelques unes des suites plus ou moins directes, plus ou moins déplorables. Cet exposé pourrait être classé dans l'une de ces catégories, des injustices cruelles, des injustices inutiles, ces injustes effets du népotisme ministériel (2).

Il est présumable que ce serait rester fort au-dessous de la réalité, que d'évaluer, à raison de deux à trois par commune, le nombre des personnes rangées dans ces différentes classes de mécontens, à 100 ou 150,000, pour la plupart chefs de famille, et dont les représentans (supposé qu'on daignât, eu égard à ce grand nombre, leur en accorder), ne siégeraient point au centre de la Chambre.

Quel groupe d'intérêts opposés à la stabilité des choses ! Combien de dangereux exemples du dégoût de bien faire ? Quelle force d'influences destructives des vertus publiques, contradictoires de la morale conservatrice ? Déjà les principes de l'ordre n'étaient-ils pas assez contredits par tant d'iniquités, d'envahissemens et de spoliations, que la force des circonstances, que le bien-être général imposait de tolérer, et aurait-on porté l'aveuglement et les systèmes impies, jusqu'à espérer qu'on parviendrait à prolonger le triomphe des principes du désordre, à opérer leur impossible légitimation, à force de multiplier leurs iniques résultats.

(*) On est convenu d'appeler *népotisme* ministériel la scrupuleuse habitu le dont laquelle nos puissans personnages sont, aujourd'hui, de produire leur nombreuse liguée (que le porte-feuille à la joue fait ressortir au mieux, en déplaçant sous quelque prétexte comme l'un des nouveaux chevalier du Saint-Esprit, par exemple) depuis l'ancien titulaire d'une charge à la cour, en faveur de son cousin et d'un frère de son intime, jusqu'au receveur d'un bureau de tabac ou de loterie, pour les étrennes de la justice.

Il est vrai qu'on a depuis peu si sagement pondéré toutes choses, sur l'admirable dépendance de nos majorités représentatives, sur le vertueux désintéressement de nos conseillers d'état, (qui par un scrupuleux affinement, soit dit en passant, excédent sans appel et condamnent qui de droit sans l'entendre) que rien ne serait facile aujourd'hui, comme d'obtenir le redressement des torts des ministères, la répression de leurs dénis de justice.

Vu les rigueurs de mille poursuites décernées à plusieurs de ces supconvenantes suppositions, qui trouble la sécurité de nos ingénieurs, par une seule occasionsion, très dangereux d'ailleurs pour nos libertés.

Voyez après si quelques esprits frondeurs ont tort de prétendre, que nous avons renchéri sur les astronomes, que le P. Malbranche semble d'avoir fait la géographie, ou être comblé de la lune, comme il en y devrait faire voyager, pour nous avoir à notre tour, à grands frais, préparé l'itinéraire des routes qui doivent nous conduire à l'empire de la liberté, inconnu jusqu'ici, tout exprès pour voyager et nous perdre en sens inverse.

www.ingramcontent.com/pod-product-compliance
Lightning Source LLC
Chambersburg PA
CBHW060511200326
41520CB00017B/4988